AF259911

DISCOURS

PRONONCÉ

A LA DISTRIBUTION DES PRIX

LE 9 AOUT 1875

PAR M. HENRI CHANTAVOINE

ANCIEN ÉLÈVE DE L'ÉCOLE NORMALE SUPÉRIEURE,
PROFESSEUR DE RHÉTORIQUE.

NANTES,
Imprimerie Evariste Mangin et Giraud.
Août 1875.

LA POÉSIE

Vous me demanderez ce que je vais vous dire :
Je viens, humble orateur, dans ce jour solenne_,
Réciter devant vous le discours annuel ;
Et si l'ambition d'avoir voulu l'écrire
Dans la langue des Dieux doit vous prêter à rire ;
Rire n'est pas bâiller — et c'est l'essentiel.

Et puis, en vérité, dans ce moment d'ivresse
Où votre essaim pressé bourdonne sur les bancs ;
Et regarde la porte avec des yeux ardents ,
Où votre cœur, ému d'une folle allégresse ;
Saute, comme un oiseau qui s'envole, et caressse
Le rêve bienheureux appelé si longtemps ,

Pourquoi, mes bons amis, la Muse souriante
Ne voudrait elle pas abandonner les Cieux
Pour mettre sa couronne aux fronts victorieux ;
Et, sans se soucier de paraître éloquente ,
De sa voix la plus simple et la moins éclatante
Egayer le départ, à l'heure des adieux ?

Jadis aux premiers temps des fêtes héroïques ,
Lorsque des fils d'Hellé, venus de toutes parts ,
Le spectacle sacré des courses olympiques
Sur l'arène poudreuse attirait les regards ,
Au rhythme harmonieux des légendes antiques
Le Poète charmait les héros, fils de Mars.

On le disait issu d'une noble origine ,
On disait, on croyait qu'un Génie inconnu
D'une flamme céleste éclairait son front, nu
Et qu'un souffle plus large emplissait sa poitrine ,
Comme l'enfant chéri de la Muse divine
Il était l'hôte auguste et l'ami bien venu.

Est-il vrai qu'aujourd'hui les temps sont à la prose,
Que la terre est stérile et le monde trop vieux
Et que la Muse en deuil est remontée aux cieux,
Effeuillant les débris de sa dernière rose
Sur les pâles enfants de ce siècle morose,
Que ronge tristement l'ennui silencieux ?

Est-il vrai, dites-moi, que la matière impure
Ait chassé l'idéal du palais enchanté
Où sur son trône d'or rayonne la Beauté ;
Que nous n'admirons plus ni Dieu, ni la nature,
Et que nous n'aimons plus entendre le murmure
Du rossignol plaintif durant les nuits d'été ?

Est il vrai qu'à vingt ans, quand l'âme épanouie
S'ouvre, comme la fleur, aux rayons du soleil ;
Quand notre cœur est vierge et notre sang vermeil ;
Nous mettions notre orgueil à jouir de la vie
Comme le débauché dont la lèvre rougie
Boit dans un trait de feu l'ivresse et le sommeil ?

Non — non : je ne crois pas que notre vieille mère
Donne à ses nouveau-nés un sang plus appauvri,
Ni que l'arbre de vie à ce point soit flétri
Que son bois desséché jonche partout la terre
Sur le tronc immortel la sève nourricière
Fait pousser d'âge en âge un bourgeon plus fleuri.

Depuis que sur la route où les peuples sans nombre
Se heurtent, noir troupeau qui se perd dans le bruit, —
L'humanité s'agite et que Dieu la conduit,
Les poètes, élus du Ciel, tiennent dans l'ombre
Le flambeau dont l'éclair traverse la nuit sombre
Et guide à sa lueur la foule qui les suit.

Orphée aux antres sourds des forêts de la Thrace
Apprend à renvoyer l'écho mélodieux ;
Adoucis par ses chants les lions furieux
Comme un berger divin le suivent à la trace,
Et les souffles ailés s'arrêtent dans l'espace
Aux doux frémissements du luth harmonieux.

Amphion, inventeur de la lyre thébaine,
Fait écouter le marbre et comprendre le bois ;
Et des murs merveilleux s'élèvent à sa voix,
Symbole toujours vrai de l'industrie humaine
Dont la Muse nous aide à supporter la peine,
Comme l'oiseau du pauvre en chantant sur les toits. —

Et toi, chantre guerrier des œuvres de l'épée ;
Toi que la Grèce ancienne a placé dans les cieux,
Rhapsode vagabond des siècles fabuleux
Où l'âme des héros plus forte et mieux trempée
Puisait dans le flot pur de l'ardente épopée
L'audace impétueuse et sereine des Dieux.

Salut ! Fils préféré de la Muse immortelle !
—Tant qu'une bouche humaine épèlera ton nom
Et que nous frémirons au toucher de ton aile,
Comme aux feux du matin la pierre de Memnon,
Rien ne saurait tarir cette source éternelle
Où les Grecs ont chanté que buvait Apollon.

Mais que fait après tout qu'un siècle moins crédule
Ait détrôné l'Olympe et dévasté les cieux,
Que la Mythologie et son peuple de Dieux
Semblent aux enfants même un conte ridicule ;
Que l'homme ait dépassé les colonnes d'Hercule
Et refuse de croire aux fables des aïeux !

Qu'importe si les bois ont vu fuir les Dryades,
Si les nymphes des eaux ont quitté le flot clair,
Si les zéphyrs légers ont disparu de l'air,
Et si Bacchus, suivi du troupeau des Ménades,
Ne vient plus égarer ses folles promenades
Sur les monts embaumés des brises de la mer !

Qu'importe si la nuit couvre de son nuage
La mer où nous courons, passagers éperdus,
Et jette à l'ouragan nos spectres confondus !
Le poète dispute et reprend au naufrage
Le rameau d'or sacré qu'il rapporte au rivage
Comme le Camoëns ses manuscrits perdus.

Lorsque d'un peuple usé la lumière affaiblie
Décroît, se couche et meurt à l'horizon humain,
Une aurore nouvelle éclaire le matin :
Quand l'astre grec pâlit, le soleil d'Hespérie
Se lève plus brillant sur la jeune Italie,
Et Virgile apparaît une lyre à la main.

Alors, au lendemain des discordes civiles,
Les hommes recueillis entendent une voix
Qui domine le bruit tumultueux des villes,
Et du palais d'Auguste aux profondeurs des bois,
Chante la paix rustique et ses loisirs tranquilles
Ou les chocs effrayants des héros d'autrefois.

Horace, souriant sous les fleurs odorantes,
A la saison joyeuse où revient dans l'air pur
L'hirondelle d'avril, hôtesse de Tibur,
Se laisse caresser aux Muses nonchalantes
Et rêve à la fraîcheur des sources transparentes
Qui nuancent les prés de leurs veines d'azur.

Ainsi d'un peuple à l'autre et de la Grèce à Rome,
Puisque partout notre âme espère, prie et croit,
L'héritage sacré se transmet et s'accroit,
Et, quel que soit le nom dont le monde la nomme,
L'étoile lumineuse éclate au front de l'homme
Que le Dieu du génie a marqué de son doigt.

Ni le fer, ni le temps, ni la mort elle-même
Ne peuvent renverser l'éternel piédestal,
Plus brillant que le jour, plus dur que le métal,
Où debout, couronné d'un royal diadème,
Le poète survit à la fuite suprême
Des siècles abimés dans le gouffre fatal.

Voici que tout à coup le vieux monde s'écroule,
Qu'effondré sourdement l'empire des Césars,
Comme un amas pourri d'armures et de chars,
Tombe, sous les assauts répétés de la houle
Dont le flot menaçant vient du Nord et s'écoule
Sur les peuples détruits et les sceptres épars

Et , pendant trois cents ans , cette mer de barbares
Sur l'Europe inondée étend son noir linceul ,
L'herbe cache les murs et pousse sur le seuil
Du temple solitaire , où les lampes avares
De leurs feux , chaque jour plus pâles et plus rares ,
Dorent l'autel brisé de la Muse au cercueil.

Lazare , lève-toi ! — Réveille toi , poète !
A la voix de Jésus , marche hors du tombeau ;
Car de la nuit profonde et de l'horreur muette
On voit monter au ciel l'aube d'un jour plus beau.
Dieu t'appelle ; réponds , et que l'hymne de fête
Aux hommes rajeunis chante un siècle nouveau.

Et déjà l'Univers tressaille ; sur la lyre
Vibre , au pied de la croix , un chant religieux ,
Un cantique d'amour , et si mélodieux ,
Qu'à l'entendre on croirait un ange qui soupire
Invisible , et qui vient ou pleurer ou sourire
Dans l'airain palpitant des grands orgues pieux.

Dans cette ère de foi , l'antique poésie
N'est plus le jeu brillant d'un instant de loisir ,
Le songe d'un rêveur qui cherche son plaisir
Et promène au hasard sa libre fantaisie
Sur les mille côtés du prisme de la vie ,
Avec l'illusion d'un inconstant désir.

Mais c'est le cri vivant de la pauvre âme humaine,
Qu'émeut l'espoir fervent d'un avenir meilleur.
Le bonheur entrevu de la paix souveraine
Qu'à l'homme racheté promet le Rédempteur,
L'effroi mystérieux de l'ombre souterraine
Où les désespérés entrainent le pécheur.

Et Dante, frémissant, l'œil fixe, le front pâle,
Descend au noir séjour qu'habitent les maudits,
Près du fleuve de mort où pleurent engloutis
Les réprouvés, errant dans la nuit sépulcrale,
Et, loin des bords affreux de la rive infernale,
Monte avec Béatrix au divin paradis.

Mais bientôt d'autres temps sont venus, et Byzance
A l'Europe chrétienne apporte le trésor.
Si longtemps enfoui de l'antique science,
La Muse au flot sacré trempe sa coupe d'or,
Et, le regard tourné du côté de la France,
Dans de plus larges cieux prend un plus libre essor

C'est l'époque féconde où peintres et poètes
Jettent aux vents l'écho de leurs noms glorieux.
Enchantent la pensée ou ravissent les yeux,
Et l'âme consumée aux flammes inquiètes
Que l'art, esprit de feu, souffle dans ses prophètes,
Ouvrent à l'Univers l'infini radieux.

Puis la France, à son tour, sur la route éternelle
Où marchent au progrès les générations,
S'avance, et ruisselant d'une splendeur nouvelle
Le siècle de Louis fait sur les nations
Jaillir superbement la lumière immortelle
Qui nous éclaire encor de ses derniers rayons.

Je sais — mes bons amis — que l'école moderne
Ne trouve rien de beau de ce que l'on a fait
Durant les jours si pleins de ce siècle parfait,
Et se vante d'aller du bouge à la taverne,
Comme le vieux cynique, aux feux de sa lanterne,
Fouiller l'ordure humaine au bout de son crochet,

Laissez, laissez crier là troupe croassante
De ces corbeaux jaloux, que la sérénité
De l'astre étincelant inonde de clarté
Mais qui jette au soleil sa clameur insolente ;
Laissez hurler d'en bas l'Idole grimaçante
Contre le marbre pur de la Divinité.

En est-il donc moins vrai que notre grand Corneille
Fasse bondir notre âme aux accents surhumains
De ces héros pétris dans ses puissantes mains ;
Que du Cid triomphant la pompeuse merveille,
Illumine à jamais notre scène et réveille
Le théâtre envahi de spectacles malsains ;

Que Molière, Racine et le bon La Fontaine ,
A l'ombre du laurier toujours vert , à côté
De tous les demi-Dieux du Panthéon d'Athène
Et du chœur des élus de la Muse romaine
Vivent, comme Chénier d'Homère l'a chanté
Encor jeunes de gloire et d'immortalité ?

Soyons fiers de leur œuvre et dignes de leur gloire ,
Car nous sommes leurs fils et c'est d'eux que descend
Sur notre cher pays l'éclair éblouissant
De leurs grands noms inscrits au temple de mémoire
Auprès des noms guerriers que la main de l'histoire
Sur notre livre d'or trace en lettres de sang,

Et nous les héritiers des maitres d'un autre âge
Qui vivons après eux et marchons sur leurs pas ;
N'avons-nous donc plus rien à chanter ici-bas ,
Et l'homme d'aujourd'hui triste oiseau de passage ,
Serait-il emporté par le vent de l'orage
Dans un nouveau déluge où Dieu ne l'entend pas ?

Mais quand même une voix lui dirait : Marche , marche !
Poursuis ton dur voyage , éternel pèlerin !
Comme on vit autrefois la colombe de l'arche
Revenir apportant aux fils du patriarche
La branche d'olivier , gage d'un jour serein ,
La Muse chanterait sur le bord du chemin.

D'ailleurs tout n'est-il pas matière à poésie,
Pour celui qui veut lire en lui-même et qui sait
Dans le chaos changeant de ce monde imparfait
Suivre l'humanité sur sa voie infinie,
Marcher avec son siècle et vivre de sa vie,
Puis dire ce qu'il pense et peindre ce qu'il fait ?

Je vous le prouverais, si j'étais né poète,
Je dirais : Ecoutons le bruit des temps nouveaux
Pleurons la France en deuil et sa pourpre en lambeaux
Pleurons, sans désespoir, l'affront de la défaite,
Et chantons, sans orgueuil, l'espérance secrète
Qui lève, tôt ou tard, la pierre des tombeaux.

Je voudrais m'inspirer des vers du vieil Ecshyle,
Je dirais avec lui : Xerxès, victorieux
A brûlé l'Acropole et les temples des Dieux,
Les Perses ont meurtri le Laurier de la ville,
Mais, même s'il nous faut combattre un contre mille,
Le fer nous vengera de ces audacieux.

Ou, dans le vaste champ de la science humaine
Je mêlerais ma voix à l'effrayant concert
Des chars de feu roulant sur leurs routes de fer,
Et je chanterais l'homme étendant son domaine
Des bornes du vieux monde à la rive lointaine
Sur le steamer ailé qui fend le gouffre amer.

Je chanterais encor la joie et la souffrance,
Je chercherais la clef du problème fatal
Que pose à notre temps le sombre esprit du mal,
Et comme Faust, ému d'une âpre jouissance,
Dans le lait maternel de la nature immense
J'abreuverais mon cœur altéré d'idéal.

Mais, sans monter si haut et sans quitter la terre,
Dites moi, les sujets manquent-ils à nos chants ?
La Muse est-elle sourde aux nobles sentiments ?
A-t-elle désappris son divin ministère,
Et ne sait-elle plus consoler la misère
Ni répandre de pleurs aux spectacles touchants ?

Qu'elle s'en aille donc, elle dont l'âme est bonne,
La voix compatissante et l'appel écouté,
Aux lieux infortunés où la folle Garonne
Inonde de ses eaux un pays dévasté ;
Qu'à tous ces malheureux elle apporte l'aumône
Royale du génie aidant la charité.

Elle l'a fait — Eh bien ! puisqu'elle est nécessaire
A notre âme qui souffre et qu'elle aide à souffrir,
Puisqu'elle est pour nous tous une amie, une mère
Qui plaint notre infortune et qui sait la guérir,
Puisqu'elle nous console, elle ne peut se taire,
Puisqu'elle nous fait vivre, elle ne peut mourir.

Gloire à toi, Déesse immortelle,
Ange céleste, oiseau béni,
Abrite toujours sous ton aile
Ce monde où l'homme fait son nid ;

Chante-nous, ô consolatrice,
Le doux chant qui berce le cœur ;
Epanche sur nous le calice
De ta bienfaisante liqueur ;

Daigne vers nous, aimable Fée,
Descendre de ton char vermeil,
Avec la goutte de rosée
Et sur le rayon du Soleil ;

Viens alléger notre misère
Et soutenir nos pas tremblants ;
Viens dire à la douleur : Espère !
Et dire au désespoir : Attends !

Sois comme l'abeille divine
Qui met sur nos lèvres son miel ;
Sois l'étoile de la colline
Dont la lumière mène au ciel ;

Sois encor la fleur embaumée
Dont les parfums mystérieux
Rendent à notre âme enivrée
Le nectar odorant des Dieux ;

Sois le doux rêve et l'ombre amie
Dont le sourire séduisant
Dissipe la triste insomnie
Et chasse l'ennui malfaisant ;

Sois le murmure et sois la plainte
Qui tressaille au fond de nos cœurs
Lorsque l'Espérance ou la Crainte
Fait ruisseler nos yeux en pleurs ;

Mais de quelque nom qu'on t'appelle,
Sois toujours pour chacun de nous,
O Muse ! l'Idée Eternelle
Qu'on doit adorer à genoux ;

L'esprit pur, l'Essence et le Verbe,
La gerbe d'or dans le sillon
Où l'astre mûrit le brin d'herbe
Où Dieu fait chanter le grillon,

Et que vers ta sphère infinie
Notre âme élève jusqu'à toi
Dans la prière et l'harmonie
Un hymne d'amour et de foi !